Ravensburger Taschenbücher
Band 46

Max Bolliger

David

Ein Hirtenjunge
wird König

Zeichnungen von
Edith Schindler

Otto Maier Verlag
Ravensburg

Originalausgabe

Umschlagentwurf von Edith Schindler

Satz: Philipp Hümmer, Waldbüttelbrunn
Druck und Verarbeitung: Ebner Ulm
Printed in Germany

15 14 13 84 83

ISBN 3-473-39046-1

1

David ist jetzt alt genug, um die große Schafherde seines Vaters zu hüten.
»Ist er nicht zu klein und noch zu schwach? Ist er nicht der Jüngste? Hat er nicht noch sieben große, starke Brüder?«
Der Mutter bangt vor dem Abschied. Sie möchte David noch ein Jahr zu Hause behalten.
Aber der Vater sagt: »Auch er muß lernen, sich selbst zu wehren.«
Eliab, der Älteste, begleitet David aufs Feld hinaus. Viele Wochen wird er das Haus seiner Eltern nicht mehr sehen.
Die Mutter steht unter der Haustür. David dreht sich immer wieder um. Er schluckt die Tränen hinunter. Er will vor seinem großen Bruder nicht weinen.
Weit dehnen sich Felder und Hügel vor Davids Augen. In der Ferne sind Himmel und Erde eins. Vereinzelte Bäume mit flachen, dunkelgrünen

Kronen werfen lange Schatten auf die rötlich schimmernde Erde.
Die Stad Bethlehem, in der Davids Eltern wohnen, ragt bald wie eine Insel aus dem Dunst. Aus Steinen aufgeschichtete, niedrige Hütten liegen am Weg. Das sind Hirtenwohnungen.
Auch David wird in einer solchen Hütte wohnen.

Zum erstenmal ist David allein, weit weg von seinen Eltern und Geschwistern.
Er zählt die Schafe. Keines darf verlorengehen.
Le, der Hund, schaut seinen neuen Herrn treu und gehorsam an.
Am Abend richtet sich David in der Steinhütte ein. Es ist wie in einer Höhle. Nur durch den Eingang dringt dünnes Licht. Er muß sich an die Dunkelheit gewöhnen.
David schläft auf Stroh. Er breitet ein sauberes Tuch darüber. Die Mutter hat es gewoben.
In einer Steinnische liegen die harten, flachen Brote, das getrocknete Fleisch und Schafkäse. Dazu trinkt er Milch von den Mutterschafen. Sie ist süß und köstlich. Die lederne Hirtentasche und die Harfe hängt er über sein Lager.
David kann lange nicht einschlafen. Er hat Angst und starrt mit offenen Augen in die Dunkelheit. In der Ferne hört er das Heulen eines Wolfes.

Fest hält er die Steinschleuder in seiner Hand. Sie ist seine einzige Waffe.
Langsam gewöhnt sich David an das neue Leben. Er hat viel zu lernen. Aus dem Stand der Sonne liest er die Zeit. Er unterscheidet die Winde. Er weiß, wann das Wetter umschlägt. Er spürt die Unruhe in seiner Herde. Er wittert Gefahren. Er versteht die Sprache des Hundes. Er kennt seine Schafe.
Die Tage sind ausgefüllt. David übt sich mit der Steinschleuder. Seine Augen werden klar und seine Ohren scharf.
Aber er findet auch Zeit, auf der Wiese zu liegen. Er träumt den Wolken nach und erzählt sich selbst Geschichten. Er steht mit nackten Beinen im Bach. Er sammelt bunte Kieselsteine und fängt Fische mit der Hand. Sonne und Wind bräunen seine Haut.
Wenn er sich einsam fühlt, spielt er auf der Harfe. Er kennt den Ton jeder Saite. Er spielt, was ihn bewegt, und die Lieder, die seine Mutter ihn gelehrt hat. Wenn nur die Nächte nicht wären.
Jemand kommt übers Feld gelaufen. Gerade auf Davids Weideplatz zu. David legt die Hand über die Augen. Es ist Samma, einer seiner Brüder.
David geht ihm entgegen.
»Was ist geschehen?«

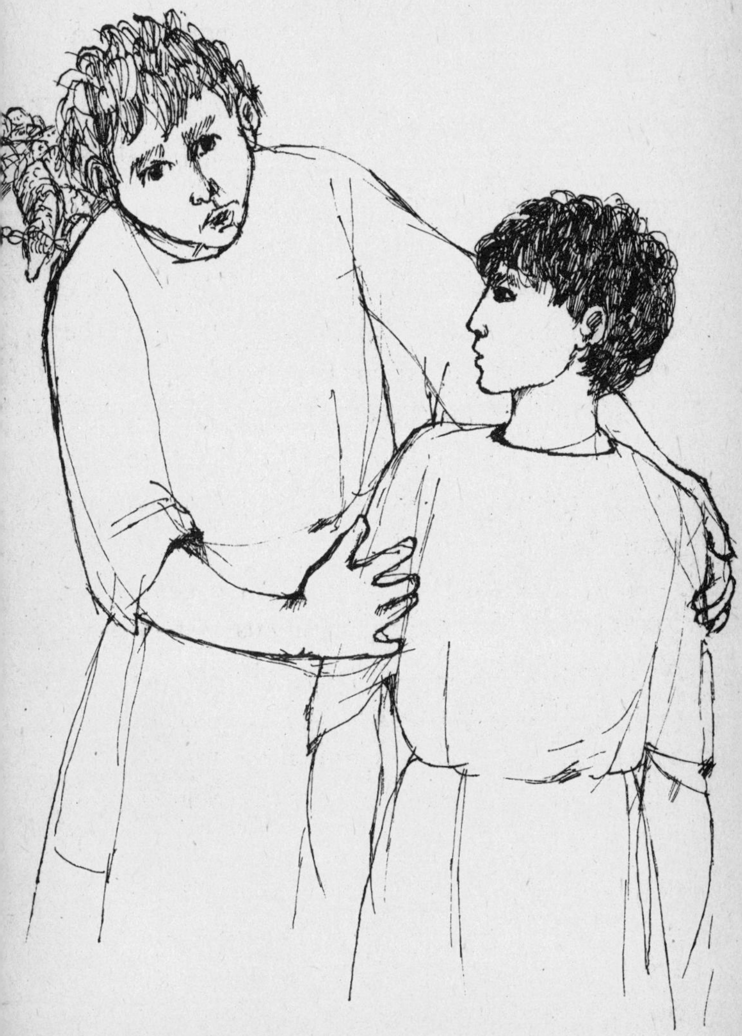

»Komm, David, schnell, nach Hause!« keucht Samma schon von weitem. »Nein, kein Unglück, ein Besuch.«
Was ist das für ein Besuch, daß David mitten am Tag seine Herde verlassen muß?
Auf dem Rückweg erzählt Samma:
»Samuel ist bei uns eingekehrt. Er hat nach dir verlangt. Er will dich sehen.«
David erschrickt.
Er hat von Samuel gehört. Samuel ist sehr alt. Alle verehren ihn. Auch der König. Samuel hört die Stimme Gottes. Er ist ein Prophet.
Diese Ehre für das ganze Haus!
Doch David ist es bange. Wie kann er in seinem einfachen Hirtengewand vor den Propheten treten?

Samuel steht vor Davids Elternhaus. Sein Haar ist weiß und leuchtet in der Sonne. Sein Gesicht ist voller Falten, sein Rücken gebeugt.
Samuel sieht David von weitem kommen.
Er faltet die Hände um seinen Stock. Sein Herz ist voller Erwartung. Sein Herz ist ein tiefer Brunnen. Samuel sieht nicht mehr, was um ihn vorgeht. Er lauscht nur noch in sich hinein.
Dort hört er Gottes Stimme.
Sie sagt: »Der ist's.«

David, der Hirte, kniet vor Samuel und küßt den Saum seines Gewandes.
Samuel streicht ihm mit der Hand übers Haar. Er nimmt sein Horn, mit Gold verziert, voll reinen Öls, und gießt es über den knienden Knaben.
Samuel kennt den Plan Gottes. Er weiß, daß er David zum König machen wird über das Volk Israel. Aber es wird noch lange dauern.
Ohne daß David ahnt, was ihm widerfahren ist, geht er zu seiner Herde zurück.
Was er erlebt hat, bewegt sein Inneres. Er möchte jauchzen und singen.
Und er weiß, daß er keine Angst mehr haben wird, weder vor der Dunkelheit noch vor wilden Tieren.
Gott wohnt in seinem Herzen.
Mit der Harfe kann David am besten ausdrücken, wofür er keine Worte findet – für die Freude.

Es ist Nacht. David schläft. Ein Geräusch weckt ihn. Die Schafe sind unruhig. Er lauscht in die schwarze Dunkelheit hinaus. Jetzt hört er das Bellen des Hundes, dann den Schrei eines Lämmleins.
Ist das nicht Todesangst?
David springt auf, zur Hütte hinaus.
Ein Löwe ist mitten unter seiner Herde. Er hält

ein Junges zwischen seinen scharfen Zähnen und macht sich davon. David besinnt sich nicht. Er rennt ihm nach. Er faßt den Löwen an der Mähne und entreißt ihm die wimmernde Beute.
David fürchtet sich nicht.
Der Löwe brüllt auf und stürzt sich auf den Knaben. Er schlägt mit der Pranke auf ihn los. David strauchelt. Der Löwe kommt über ihn. David fühlt den heißen, wilden Atem. Mit letzter Kraft nimmt er seinen Hirtenstab und stößt ihn dem Löwen in den Rachen. Sie wälzen sich auf dem Boden. Der Kampf dauert lange. Davids Feind ist stark. Aber David gibt nicht nach, bis das wilde Tier tot vor seinen Füßen liegt.
Der Schweiß rinnt über Davids Gesicht. Vor Erschöpfung weint er. Blut sickert durch seine Kleider. Der Löwe hat ihn verwundet. Staunend betrachtet er das tote Tier. Dann hebt er das zitternde Lämmlein vom Boden auf und bringt es seiner Mutter zurück. Sie leckt es mit der Zunge. Es ist gerettet.
Müde sinkt David auf sein Lager. Er legt heilende Kräuter auf seine Wunden. Er weiß, daß Gott ihm geholfen hat. Er vergißt nicht, ihm dafür zu danken.

Eines Tages tauchen Reiter auf. Sie halten vor Davids Hütte. Es sind Soldaten des Königs. David erkennt sie an ihrem Gewand. Er grüßt die Männer und bietet ihnen Brot und Käse an.
Der Hauptmann Abner sagt:
»Bist du David, der jüngste Sohn des Isai aus Bethlehem, der einen Löwen besiegt hat und schöner als alle andern Hirten auf der Harfe zu spielen weiß?«
»Ja, ich bin es«, sagt David.
Die Soldaten springen von den unruhig tänzelnden Pferden. Sie setzen sich auf die Erde.
David muß seine Harfe holen. Oh, wie hätte er sich früher gefürchtet!
Jetzt vergißt er alles um sich her. Er versinkt in sein Spiel.
Die Soldaten verstummen. Ergriffen hören sie dem Hirten zu.
»Er ist der Richtige«, sagt der Hauptmann leise, »sein Spiel ist wie das Wasser einer klaren Quelle.«

Abner reitet mit seinen Soldaten zurück nach Bethlehem. Bei Davids Vater kehrt er ein.
»Ja, David ist der Richtige, um mit seinem Harfenspiel den traurigen König aufzuheitern! Er ist mutig und bescheiden. Er hat einen Löwen getö-

tet und ist des Harfenspiels kundig wie keiner sonst. Er hat schöne Augen und ist von guter Gestalt. Gott wohnt in seinem Herzen.«
Der Vater erschrickt bei den Worten des Hauptmanns. Er weiß, daß er den Wunsch des Hauptmanns nicht abschlagen darf. Der Hauptmann ist ein Bote des Königs. Sein Wunsch ist ein Befehl.
»Ja«, sagt er, »ich werde David rufen und ihn morgen zum König senden.«
Nachdenklich schaut Isai den davonjagenden Reitern nach. Er sorgt sich. Es ist schwer, den Plan Gottes zu begreifen.

Zum zweitenmal nimmt David Abschied von seinen Eltern und Geschwistern.
Er zieht sein Festgewand an. Der beste Esel aus dem Stall seines Vaters trägt die Geschenke für den König, ein schneeweißes Ziegenböcklein in einem Weidenkorb, Stoffe, Wolle von den Schafen, frisches Brot und alten Wein.
Seine Harfe hängt an einem glänzenden, blauen Band.
Wird der König ihn wieder zurücksenden?
Die Mutter hofft es.
Sehnsüchtig schauen die Brüder David nach.
David wandert den ganzen Tag, über Felder,

durch Wein- und Ölbaumgärten. Er war noch nie in Gibea. Von weitem erkennt er die Mauern der Stadt und darüber die Türme der königlichen Burg.

Was wird ihn dort erwarten?

Er setzt sich eine Weile an den Wegrand. Er versucht, sich den König vorzustellen. Sein Mut und seine Tapferkeit werden vom Volk bewundert und in vielen Liedern besungen. Er hat alle Schlachten gegen die Feinde des Landes gewonnen, gegen die Ammoniter und die Philister. Immer wieder hat Gott ihm geholfen. Saul ist der erste König des Volkes Israel. Er überragt alle seine Soldaten um eines Hauptes Länge. Wenn er mit ihnen in den Krieg zieht, kämpft er in den vordersten Reihen. Er kennt keine Furcht.

Davids Vater hat oft von den Heldentaten des Königs erzählt. Nun soll David vor ihn treten. – Einen Augenblick wünscht er sich zu seinen Schafen, zu der Steinhütte und zu seinem Feuer zurück.

Die untergehende Sonne glüht auf den Mauern des Palastes. Mächtige Gittertore verwehren David den Eintritt.

»Was willst du beim König?« fragen ihn die Wächter.

»Ich bin David, der jüngste Sohn des Isai aus Bethlehem. Ich bringe dem König Geschenke und will ihm auf der Harfe vorspielen.«
Die Wächter lachen.
»Ha, der König braucht starke Männer, Krieger, keine Hirten mit Harfen«, sagen sie.
David weiß nicht, was er darauf antworten soll. Er ist froh, daß der Hauptmann kommt und ihn zum König führt. Staunend geht er über die vielen Treppen, durch Hallen und Säle. Die Böden sind aus bunten Steinen, die Wände aus feinem Zedernholz. David wagt kaum zu atmen. Er geht auf den Zehenspitzen, um mit seinen Ledersandalen nicht zu klappern.
Überall stehen Menschen herum, Wächter und Mägde. Neugierig betrachten sie den einfachen Hirten.

David steht vor Saul. Ehrfürchtig kniet er vor den Stufen des goldenen Thrones nieder.
»Hier«, sagt der Hauptmann, »ist David, des Isais Sohn aus Bethlehem, der Harfenspieler.«
Saul bleibt stumm. Sein Gesicht ist finster. Weder die Frauen in den kostbaren Gewändern noch die Soldaten in den glänzenden Rüstungen wissen, was hinter der Stirne des Königs vorgeht. Sie haben Angst vor seinem dunklen, traurigen Blick.

Früher war er anders, fröhlich und zu Taten aufgelegt.
Jetzt ist der König krank.
Wird Davids Harfenspiel dem König helfen?
Alle hoffen es, vor allem Abner, der treue Hauptmann.
»Spiele«, sagt er zu David.
David nimmt die Harfe. Er vergißt, daß er im Palast des Königs in Gibea ist. Er sieht die neugierigen Blicke nicht mehr. Er denkt an die glücklichen Tage auf der Weide, an die Wolken, an die Blumen des Feldes, an den Wind über dem Gras, an seine Geschichten, an den Kampf mit dem Löwen. Und er denkt an Samuel, der mit seinem Blick und mit seinen Worten die Angst von ihm genommen hat.
Und auf einmal lächelt der König. Sein Lächeln spiegelt sich in allen Gesichtern wider.
»David«, sagt er, »ich will dich von nun an in meiner Nähe haben. Dein Harfenspiel macht mich gesund.«

Alle im Schloß haben David lieb, auch Prinz Jonathan, ein Sohn des Königs.
David und Jonathan werden Freunde.
Der Prinz ist älter als David. David kann viel von ihm lernen.

Jonathan zeigt ihm, wie man mit Waffen umgeht, wie man fechtet und reitet.
Dafür erzählt David aus seinem Hirtenleben, von seinen Schafen und von seinen Kämpfen mit den wilden Tieren.
Ein Lehrer unterrichtet die beiden Jungen im Lesen und Schreiben und Rechnen. Sie lernen die Namen und den Gang der Sterne kennen. Sie hören von fremden Völkern und alten Zeiten.
David ist glücklich im Schloß. Er wird wie ein Prinz erzogen. Aber trotzdem vergißt er seine Eltern und Geschwister nicht.

Eines Tages kommt eine schlimme Nachricht in den Palast. Die Feinde des Königs, die Philister, rüsten zu einem neuen Krieg. Das schreckliche Wort geht von Mund zu Mund. Einer sagt es dem andern.
In den Gesichtern der Frauen stehen Angst und Schrecken.
Im Hof werden Waffen geschmiedet und neu geschliffen. Auf den Straßen der Stadt sammeln sich die Soldaten. Harnische und Helme leuchten in der Sonne. Von Dächern und Türmen des Palastes tönen Posaunen. Fahnen werden aufgerollt, flattern im Winde.
»Hoch lebe Saul, unser König«, schreien die Sol-

daten. Endlos scheint die Reihe der vorbeirollenden Wagen.
David möchte gern mit in den Krieg ziehen. Ist er nicht groß und stark geworden?
Jetzt kommt der König. David erkennt ihn kaum wieder in der kostbaren Rüstung. Ein Soldat trägt den großen Schild, ein anderer den langen Speer.
Der König läßt David zu sich rufen. Er legt ihm die Hand aufs Haar. Er ist traurig. Er sagt:
»Du bist noch zu jung, um mitzukommen. Ich will dein Leben nicht aufs Spiel setzen. Geh nach Hause zurück, bis der Krieg vorbei ist. Dein Vater wird dich brauchen können.«
Jonathan zieht mit in den Krieg.
Lange hält er Davids Hand.
Der Abschied fällt ihnen schwer. Wer weiß, ob sie sich wiedersehen.

Der Vater ist froh, daß David nach Hause kommt. Die drei Ältesten sind in den Krieg gezogen, Eliab, Abinadab und Samma. Niemand ist da, der ihre Arbeit verrichtet.
Der Vater ist schon alt. Auch die Mutter hat weißes Haar. Sie umarmt David.
»Wie groß bist du geworden!« sagt sie.
Alle auf dem Hof bestaunen ihn.

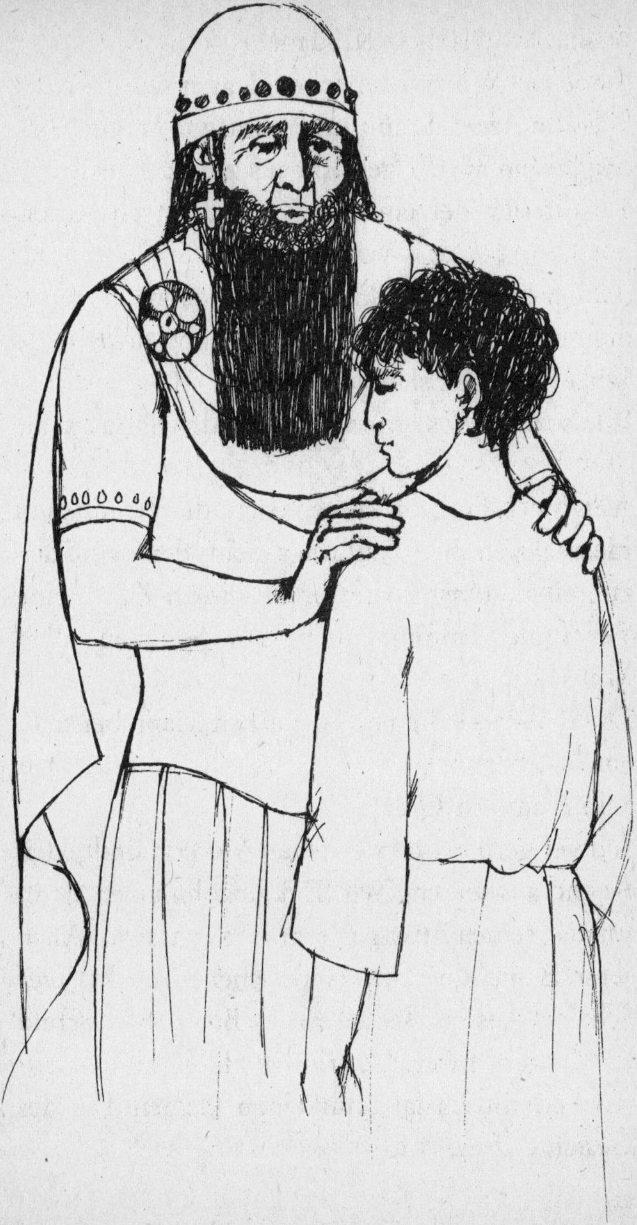

Nein, David ist kein Kind mehr.
Ohne viel Worte zu machen, legt er sein schönes Kleid in den Schrank und zieht wieder ein Hirtengewand an. Er geht hinaus zu der Herde. Er schämt sich der einfachen und geringen Arbeit nicht.
Le, der Hund, erkennt ihn von weitem. Er rennt ihm entgegen und springt an ihm hoch. Die Schafe drängen sich an ihn.
Wie schön ist es, wieder einmal daheim zu sein.

Auf zwei Hügeln stehen sich die feindlichen Heere gegenüber. Saul wagt nicht, den Feind anzugreifen. Finster sitzt er in seinem Zelt. Seine Verzagtheit nimmt auch den Soldaten allen Mut.
Die Philister haben einen starken Mann bei sich, einen Riesen.
Sein Name ist Goliath.
Schwer gerüstet tritt er jeden Morgen und jeden Abend aus seinem Zelt. Ein gewöhnlicher Mann vermag seinen Brustpanzer nicht zu tragen. Auch seine Beine sind mit Harnischen bedeckt. Der Schaft seines Spießes ist wie ein Baum. Sein Schild ist zentnerschwer. Der riesige Helm mit dem roten Federbusch läßt nur einen kleinen Teil des Gesichtes frei.

Der Mann ist aus Eisen. Seine Stimme ist mächtig wie Donner.
»Wagt denn niemand mit mir zu kämpfen?« schreit er. »Wenn einer von euch mich besiegt, so will ich sein Knecht sein.«
Schrecklich tönt sein Hohnlachen.
Nein, keiner wagt es, den Kampf gegen den Riesen aufzunehmen. Sogar Saul zittert vor seiner Kraft.

Schon vierzig Tage lang dauert der Krieg. Es kommt zu keiner Entscheidung.
Ungeduldig wartet David bei seiner Herde auf einen Bericht aus dem Heerlager. Oh, warum haben sie ihn nicht mitgenommen? In der Nacht rötet der Schein unzähliger Wachtfeuer den dunklen Himmel.
David ist glücklich, daß ihn der Vater eines Tages mit Nahrungsmitteln für seine Brüder ins Heerlager schickt.
Geröstete Körner, zehn Brote und zehn frische Käse trägt er in seiner Hirtentasche.
Er hofft, nicht nur seine Brüder, sondern auch Jonathan zu sehen, vielleicht sogar den König.

Am frühen Morgen bricht er auf. Die Schafe überläßt er einem Hüterbuben. Das Licht versil-

bert den Tau auf Blumen und Gräsern. Die Vögel jubilieren.
Schon von weitem leuchten die weißen Zelte in der Sonne. Davids Herz schlägt schneller.
Zelte und Wagenburg sind verlassen. Nur einige Wächter lungern herum. Die Soldaten sind ausgezogen. Unten am Bach steht das Heer dem Feind gegenüber. Man hört das Schreien der Männer und Waffengeklirr.
David eilt den Hügel hinunter und fragt nach seinen Brüdern. Endlich findet er sie. Sie erkundigen sich nach den Eltern, nach dem Stand der Arbeit und nach der Herde.
Aber während David noch mit ihnen redet, tritt Goliath hervor. Wie jeden Tag schreit er:
»Ihr Hasenherzen! Wagt denn noch niemand, mit mir zu kämpfen?«
Staunend betrachtet David den Riesen. Er sieht, wie sich seine Brüder und die anderen Krieger fürchten. Er hört, wie Goliath König Saul und den unsichtbaren Gott Israels verspottet.
»Das darf nicht sein!«
Davids Herz empört sich.
»Ich will gegen ihn kämpfen!« ruft David mit glühenden Augen.
Eliab ist zornig.
»Schweig, David!« sagt er. »Du bist ein Prahler.

Du wärest besser bei deinen Schafen geblieben. Nur aus Neugier und um dich wichtig zu machen, bist du gekommen.«
David ist traurig.
»Eliab, was habe ich dir denn Böses getan, daß du so mit mir redest?«
David spürt, daß er trotzdem gegen Goliath kämpfen muß. Sein Herz befiehlt es ihm. Er wendet sich von seinem Bruder ab und sagt noch einmal:
»Ich will gegen Goliath kämpfen!«

Die Soldaten umringen David.
»Wie willst du in deinem Hirtengewand und ohne Rüstung und ohne Speer gegen einen Riesen kämpfen? Du willst wohl reich werden und die schöne Königstochter heiraten!«
Alle lachen, aber zugleich bewundern sie seinen Mut.
David verstummt. Nein, nicht weil Saul demjenigen, der Goliath besiegt, seine Tochter und Reichtum versprochen hat, will David mit Goliath kämpfen. Nicht, um für sich Ruhm und Ehre zu gewinnen; nein, nicht deswegen! Aber David duldet nicht, daß man Gott, den König und sein Volk verspottet!

Sie führen David vor Saul.
Zum erstenmal seit vielen Wochen lächelt der König. »Hast du deine Harfe mitgebracht?« fragt er. »Ich könnte ihren Trost wohl brauchen.«
»Nein, mein König«, sagt David. »Ich will gegen Goliath kämpfen.«
Der König winkt David zu sich heran. Leise sagt er:
»David, du bist noch jung. Du weißt nicht mit Schild und Speer umzugehen. Ich will nicht, daß er dich tötet.«
David gibt nicht nach.
Leidenschaftlich ruft er:
»Habe ich nicht einen Löwen getötet? Hat der König jemals Angst in meinen Augen gesehen?«
Sinnend betrachtet Saul den Hirten.
»Gut, ich will dich gehen lassen. Gott sei mit dir!«

»Zieht ihm meine Rüstung an, setzt ihm meinen Helm auf den Kopf, gebt ihm mein Schwert«, befiehlt der König seinen Waffenträgern.
Aber es ist wahr, was der König gesagt hat. David weiß nicht mit Schild und Speer umzugehen. Die schwere Rüstung drückt ihn. Er kann kaum Arme und Beine bewegen.

Er versucht einige Schritte zu gehen.
Er weiß, daß er in dieser Rüstung niemals siegen wird.
David kehrt um und legt die Rüstung wieder ab.
In seinem Hirtengewand, die Tasche über der Schulter, den Stab in der einen und die Steinschleuder in der andern Hand, geht David zum Wasser hinunter, um Goliath zum Kampf aufzufordern.

Geschrei und Waffenlärm sind verstummt.
Atemlos schauen die Soldaten aus beiden Lagern zu, was nun geschieht.
David bückt sich und sucht fünf glatte Steine am Ufer des Baches.
Schwer in seiner Rüstung kommt ihm Goliath entgegen. Er wird David erdrücken. Voller Verachtung schaut er ihn an.
Will man ihn, den stärksten Mann seines Volkes, verspotten?
»Bin ich denn ein Hund?« schreit er, »daß ich gegen einen Knaben kämpfen soll, gegen einen Schwächling? Gut, so will ich ihn mit einer winzigen Bewegung meiner Hand umbringen. Die Vögel und die Tiere auf dem Feld sollen sein Fleisch fressen.«
Goliath hebt den Arm mit dem Speer und zielt.

Er will David ins Herz treffen.
Doch David kommt ihm zuvor. Er hat seine Schleuder gespannt. Scharf pfeift der glatte, spitze Stein durch die Luft.
Goliath wankt, an der Schläfe getroffen. Sein erhobener Arm sinkt hinunter. Der Speer gleitet ihm aus der Hand. Er stürzt zu Boden.
Ein Schrei erhebt sich.
»Sieg! Sieg!« rufen die Soldaten Sauls.
Goliath ist tot.
Die Philister fliehen. Die Israeliter verfolgen sie, töten viele und jagen sie hinter die Mauern der Stadt Ekron zurück.
Verwirrt steht David neben dem gefallenen Riesen. Ist er wirklich tot? David bückt sich über ihn. Er zieht dem Riesen das Schwert aus der Scheide und schlägt ihm den Kopf ab.
Nie mehr wieder wird diese Zunge höhnen und lästern, nie mehr wird sie Gott verspotten!

Soldaten tragen das Haupt Goliaths vor das Zelt des Königs, zum Zeichen des Sieges.
Auch der König kann es kaum fassen.
»Ist es auch wahr?« fragt er immer wieder Abner, seinen Hauptmann.
Ja, es ist wahr. David hat Goliath besiegt.
Demütig tritt er vor den König. Saul umarmt ihn.

Er dankt ihm und hält sein Versprechen. Er macht David zu seinem Feldherrn.
Und später wird er ihm auch Michal, sein liebstes Kind, zur Frau geben.
Im Wagen des Königs fährt David nach Gibea.
Menschen stehen an den Straßen, Frauen und Kinder. Sie jubeln David zu. Von überallher ziehen sie ihm entgegen mit Pauken, mit Zimbeln, mit Gesang und Geigen.
In den Straßen Gibeas feiert das Volk bis tief in die Nacht hinein den Sieg. Immer von neuem wird erzählt, wie David Sauls Rüstung verschmähte, wie er die Steine suchte und wie er getroffen hat. Der Name David ist in aller Munde.

Im Königspalast ist ein Fest. Tausende von Fakkeln brennen. Es wird gegessen und getrunken, getanzt und gesungen.
Aus Bethlehem sind Davids Eltern und Brüder gekommen. Eliab schämt und fürchtet sich. Seine bösen Worte tun ihm leid. Aber David hat ihm längst verziehen.
Samuel, der Prophet aus Rama, ist da. Er küßt den jungen Feldherrn auf die Stirn. Samuel weiß, daß Gott ihn auserwählt hat. Voll Güte ruht sein Blick in Davids Augen.
David kann so viel Freude kaum fassen.

Er geht auf die Terrasse des Palastes hinaus. Der Himmel ist voller Sterne. Der Mond erhellt das Land. Man sieht bis zu den fernen Bergen. David ist von Liebe zu seiner Heimat erfüllt.
Plötzlich steht jemand neben ihm.
Es ist Jonathan. Sie schweigen lange.
Aber bevor sie wieder in den Festtrubel zurückkehren, versprechen sie einander, immer Freunde zu bleiben. Sie wollen sich beistehen und helfen, was in Zukunft auch geschehen mag.

2

Saul fährt mit David durch die Stadt. Der königliche Wagen ist mit weißen Pferden bespannt. Davor reiten bewaffnete Soldaten.
Der Hauptmann Abner ist unter ihnen. Er sorgt für Ordnung. Wo Saul mit seinem jungen Feldherrn hinkommt, strömen Männer, Frauen und Kinder zusammen.
»Es lebe David, unser Feldherr«, rufen die Männer.
»Er hat den Riesen Goliath besiegt«, schreien die Jungen.
David winkt. Er lacht. Die Mütter strecken ihm ihre Kinder entgegen.
David läßt den Wagen anhalten. Er steigt aus. Er nimmt die Kleinen auf den Arm und streichelt sie. Für alle hat er ein freundliches Wort.
Unbewegt schaut der König zu.
Ist er nicht stolz auf seinen jungen Feldherrn?
Warum wird sein Gesicht plötzlich so finster?

»Weiter, weiter«, befiehlt er.
Die Soldaten drängen die Menschen zur Seite.
Viele begehren auf. Sie möchten David noch nicht gehen lassen. Der König wird ungeduldig.
»Weiter«, sagt er noch einmal. Seine Stimme ist hart und zornig.
David hat kaum Zeit, wieder in den Wagen zu steigen.
Die Pferde bäumen sich auf und wiehern. Sie ziehen an. Enttäuscht schaut das Volk dem davonstiebenden Gefährt nach.
»Es lebe David, es lebe David!« rufen die Männer, »Saul hat tausend geschlagen, aber David zehntausend! Hoch lebe David!«

Der König vergißt diese Worte nicht.
Die Eifersucht nagt an seinem Herzen. Er sieht, wie das Volk David feiert. Er spürt, wie es ihn liebt.
»Möchte das Volk David zum König machen?«
Der Gedanke läßt ihm keine Ruhe mehr. Er verfolgt und verwirrt seinen Geist. Ziellos durchwandert er seinen Palast. In der Nacht schreckt er aus wilden Träumen auf: David zielt mit der Steinschleuder auf ihn. Er trägt die Krone auf dem Kopf...

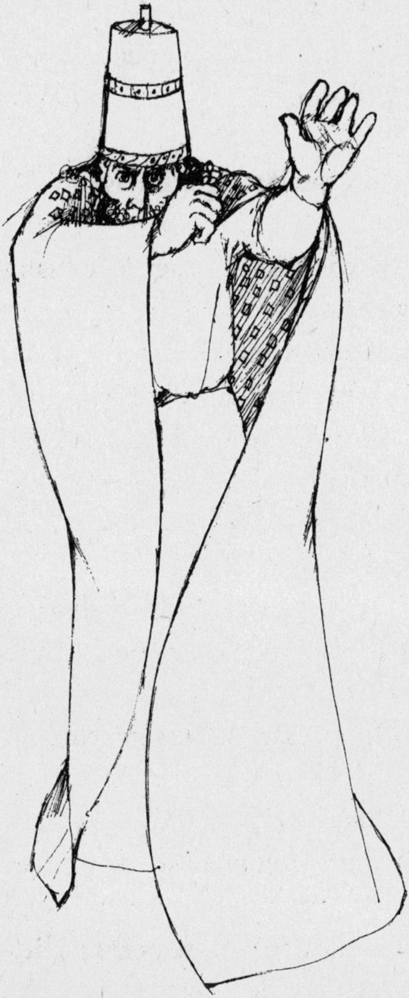

»Nein«, schwört Saul, »nie soll David König werden. Eher will ich ihn töten.«
Auch während des Tages ist das Gesicht des Königs verschlossen.
Die Menschen gehen ihm aus dem Wege. Sogar seine Kinder fürchten ihn.

David fühlt den Haß des Königs. Er ist nachdenklich und still.
»Du bist nicht mehr wie früher«, sagt Jonathan.
David nickt.
»Ich habe Angst vor dem König«, sagt er leise.
Jonathan erschrickt. Er weiß um die Eifersucht seines Vaters. Er erinnert David an das, was sie einander versprochen haben.
Sie wollen sich beistehen und helfen, was in Zukunft auch geschehen mag.
Jonathan möchte David trösten und beruhigen.
Er zieht seinen Rock aus. Er löst den Gürtel mit dem schönen Schwert.
»David, behalte beides, zum Zeichen unserer Freundschaft.«
Davids Augen leuchten.
Auch er möchte Jonathan etwas schenken, was ihm lieb ist.
Er nimmt die Steinschleuder aus seiner Tasche.
Er hält sie seinem Freund hin.

Sinnend betrachtet Jonathan die einfache Hirtenwaffe.
Und David sagt: »Von nun an gehört sie dir.«

Der König ruft David zu sich.
»Ich möchte wieder einmal dein Harfenspiel hören.«
David freut sich, einen Wunsch des Königs zu erfüllen. Es ist lange her seit dem letzten Mal. Vieles hat sich inzwischen verändert.
Groß und stark steht David vor dem König. Seine Augen sind hell und klar. Der König fürchtet sich vor ihnen.
David trägt Jonathans Rock und Schwert.
Saul stöhnt.
›Jonathans Rock, Jonathans Schwert ... Oh, nicht nur das Volk in den Straßen, auch meine Kinder lieben ihn mehr als mich‹, denkt er.
Er darf es nicht dulden. David muß sterben.
Er greift nach seinem Spieß.
David springt auf.
Erschrocken begegnet er dem irren Blick, sieht die Waffe, den erhobenen Arm ...
»Nur fort, nur fort ...«
Schon schwirrt der Spieß durch die Luft. Er bleibt in der Wand stecken.
Der Schaft zittert.

Der König starrt auf den leeren Platz neben Davids Harfe. Ein Windhauch kommt durchs offene Fenster und bewegt die Stille.
Ist jemand im Zimmer?
Angstvoll blickt Saul um sich.
Er hört nur seinen eigenen Atem.
Armer König. Hat Gott ihn verlassen?

David flüchtet zu Jonathan. Ihm erzählt er, was geschehen ist. David will nach Hause zurück, zu seinen Eltern und Geschwistern.
»Kann ich länger bleiben, wo man mich verfolgt und nach meinem Leben trachtet?« sagt er.
Aber Jonathan verspricht David, mit dem Vater zu reden. Er will den König umstimmen. Jonathan ist tapfer. Er hat sich im Kampf bewährt. Nach Sauls Tod soll er König werden. Sicher wird Saul seinem Sohn einen Wunsch erfüllen.
Auch Michal, die Prinzessin, bittet David auszuharren.
Ihren guten Worten kann David nicht widerstehen.
Michal und David haben einander lieb.
Abner, der Hauptmann, erinnert Saul an sein Versprechen.
»Gut«, sagt der König, »David soll Michal heiraten, aber zuvor soll er einen neuen Krieg gegen

unsere Feinde gewinnen, hundert tote Philister fordere ich als Geschenk von ihm.«
Der König lacht.
Was ihm, Saul, mit dem Spieß nicht gelungen ist, werden die Philister vollbringen. Sie werden David im Kampfe töten.
Aber der teuflische Plan des Königs mißlingt.
Die wenigen Soldaten, die David begleiten, stehen ihm tapfer zur Seite. Sie sind bereit, für ihren Feldherrn zu sterben.
Siegreich kommen sie zurück. Der König kann die gefallenen Feinde zählen. Zweihundert sind es an der Zahl.
David hofft, Saul würde sich nun wieder mit ihm versöhnen.

»Ich halte mein Versprechen«, sagt der König.
Michal wird Davids Frau.
Saul schenkt dem jungen Paar ein großes Haus in der Nähe des Palastes.
Am Tag des Hochzeitsfestes sammeln sich die Menschen zu Tausenden vor dem Schloß. Sie wollen die glückliche Prinzessin und David, den Hirten, sehen. Wieder wird musiziert, getanzt und gesungen.
David steht mit Michal am offenen Fenster. Er hält Michals Hand.

»David, David, David!«
Wie ein Lied steigt der Name in den Himmel hinauf.
Ist es nicht ein unvergeßlicher Tag?
Nur Samuel beobachtet voller Sorge den König.
Er ist der einzige, der seine Gedanken lesen kann.
Er will das schöne Fest nicht verderben. Traurig geht er nach Rama zurück.
Er bittet Gott, seine Hand weiter über David und dem Volk Israel zu halten.

Samuel hat sich nicht getäuscht.
Nach der Hochzeit verdüstert sich Sauls Gesicht von neuem.
Abner ist voll Sorge um seinen Herrn.
Jonathan versucht, mit dem Vater zu reden. Es ist schwer.
»Was willst du?« fragt der König.
Mutig sagt er: »Vater, was hat dir David getan, daß du nach seinem Leben trachtest? Ist er nicht dein treuester Knecht? Hat er uns nicht vor den Philistern gerettet? – Vater, David ist mein Freund. Er ist mir wie ein Bruder. Michal hat ihn lieb. Er ist unschuldig. Gott wohnt in seinem Herzen.«
Jonathan redet und redet. Nur das Beste will er von David sagen.

Sinnend betrachtet Saul seinen Sohn. Wie muß er David achten und lieben, daß er so für ihn eintritt.
Der König reicht ihm die Hand.
»Ich will David von nun an in Ruhe lassen«, sagt er, »alles soll wieder so sein wie früher.«

Der König hält sein Versprechen nicht.
Während David ihm auf der Harfe vorspielt, wirft Saul zum zweitenmal den Spieß nach ihm.
Nein, Gott läßt nicht zu, daß ihm etwas geschieht. Unverletzt rettet er sich in sein Haus.
Er ist traurig und mutlos. Alle seine Versuche, den König zu versöhnen, sind vergeblich. Jonathans Worte haben nichts ausgerichtet.
Bei Michal findet David Trost und Halt.

Der König tobt.
»Geht in der Nacht zu Davids Haus, fesselt ihn, bringt ihn aufs Schloß!« befiehlt er seinen Soldaten.
Keiner wagt, dem König zu widersprechen.
Morgen, bevor der erste Hahn kräht, soll David sterben.
Michal hört die Soldaten kommen. Sie ahnt, was es bedeutet.
David muß fliehen. Aber wie?

An einem Seil läßt Michal David durch ein Fenster zur Erde nieder. In der Dunkelheit entkommt er.
Aus Ziegenfellen formt sie schnell eine Puppe und legt sie in Davids Bett.
»Aufgemacht! Im Namen des Königs!« schreit da der Anführer der Soldaten. Drohend schlägt er mit seiner Waffe an die verschlossene Tür.
Jetzt läßt Michal das Tor öffnen.
»Was ist geschehen? Was wollt ihr, mitten in der Nacht?«
Michal bleibt ruhig. Sie verbirgt ihre Angst.
»Wo ist David? Er muß zum König!«
Michal versucht, die Soldaten aufzuhalten. Sie legt den Finger an den Mund.
»Er schläft«, flüstert sie, »er hat sich beim Reiten den Fuß verletzt und kann nicht aufstehen. Geht, richtet es meinem Vater aus!«
Der Anführer bleibt hart. Er darf nicht ohne David zurückkommen.
Er sagt: »Gut, so werden wir ihn auf dem Lager zum König bringen. Wo ist er?«
Weder der Anführer noch die Soldaten merken in der Finsternis, daß sie ein leeres Bett in die Burg hinübertragen.

David in seiner Verzweiflung hat nur einen Gedanken: Samuel!

Auf Umwegen erreicht er Rama. Er ist ohne Waffen. Erschöpft, wie ein Bettler, steht er vor Samuels Haus.

Hinter den Bergen, wo die Wüste liegt, färbt sich der Himmel. Bald wird die Sonne aufgehen.

Es ist, als ob der Prophet David erwartet hätte. Er nimmt ihn an der Hand und führt ihn in seine Stube. Eine Öllampe brennt. Die Flamme flakkert. Schatten springen über eine geöffnete Schriftrolle, die auf dem Tisch liegt.

David setzt sich.

Samuel wischt ihm mit einem Tuch den Schweiß von der Stirn. Er bringt ihm Wasser, damit er seine müden Füße kühlen kann.

Schweigend hört er zu, was David erzählt.

Nachher sagt er: »David, viel Schweres steht dir bevor. Aber Gott hält seine Hand über dir. Fürchte dich nicht. Das Leid macht dich stark.«

Er legt ihm die Hand aufs Haar. Der Aufruhr in Davids Herzen löst sich. Er wird ruhig.

Geborgen in Samuels Nähe schläft David ein.

Saul läßt die Soldaten, die ihm das leere Bett Davids gebracht haben, ins Gefängnis werfen. Michal darf sich nicht mehr auf dem Schloß zeigen.

»Meine eigenen Kinder betrügen mich. David hat sie gegen mich aufgehetzt«, sagt er zu Abner.
Jonathan versucht noch einmal, seinen Vater umzustimmen. Er mahnt ihn an sein Versprechen, David in Ruhe zu lassen.
Saul rast. »Verräter«, schreit er Jonathan ins Gesicht.
Er beherrscht sich nicht mehr. Er richtet den Spieß, mit dem er David verfehlt hat, auf seinen eigenen Sohn. Die scharfe Spitze reißt eine Wunde in Jonathans Arm. Blut fließt.
Entsetzt schauen die Umstehenden zu. Abner versucht, den rasenden König zu beruhigen.
Mit Tränen in den Augen verläßt Jonathan den Saal.
Michal pflegt seine Wunde.
Beide sind entschlossen, David zu helfen. Sie wissen nun, daß Saul alles tun wird, um ihn zu vernichten. Er darf auf keinen Fall nach Gibea zurückkommen. Sie müssen ihn warnen.
Jonathan vermutet, daß David zu Samuel geflüchtet ist und sich bei ihm versteckt hält. Er schickt einen verschwiegenen Boten nach Rama.
»David, komm morgen abend vor dem Einbrechen der Dunkelheit zum Stein Asel. Ich habe Wichtiges mit dir zu besprechen«, läßt er ihm ausrichten.

Neu gestärkt kommt David aus Rama.
Wird ihm Jonathan gute Nachrichten bringen?
Rechtzeitig trifft er am verabredeten Ort ein. Dunkel erheben sich vor ihm die Mauern und Türme Gibeas.
Um keinen Verdacht zu erwecken, kommt Jonathan mit seinem Waffenträger.
»Ich will mich vor der Stadt im Bogenschießen üben«, hat er im Schloß gesagt.
Nun schießt er die Pfeile hoch in die Luft. Der Knabe liest sie zusammen und bringt sie seinem Herrn zurück.
Ruhig bleibt David hinter dem Stein verborgen, bis Jonathan den Waffenträger mit Bogen und Pfeilen vorausschickt.
»Ich komme nach«, hört David ihn rufen. Unbeschwert hüpft der Junge davon.
Die Dunkelheit ist angebrochen. Endlich können die Freunde in Ruhe miteinander sprechen. Jonathan zeigt David die Wunde am Arm. Er ist ernst und traurig.
»Der König hat deinen Tod beschlossen«, sagt er.
David denkt an Samuels Worte: »Viel Schweres steht dir bevor. Aber Gott hält seine Hand über dir. Fürchte dich nicht. Das Leid macht dich stark.«

Diese Worte sagt er Jonathan zum Abschied. Die Freunde umarmen sich. Jonathan kehrt in die Stadt zurück. David schaut ihm nach. Er weint.

Seit der Begegnung mit Jonathan beim Stein Asel ist David auf der Flucht.
Der König verfolgt ihn mit seinem Heer.
In der Stadt Nobe sucht David für eine Nacht Unterkunft bei Ahimelech. Ahimelech ist ein Priester, ein Freund Samuels.
Der alte Mann wundert sich. Er weiß nicht, was in Gibea geschehen ist.
David kommt allein, ohne Waffen, ohne seine Rüstung. Sein Rock ist verstaubt, sein Gesicht vor Müdigkeit zerfallen.
»Nimm mich für eine Nacht auf«, bittet David.
Der Priester fragt nicht weiter. Er spürt, daß David nichts Böses getan hat.
Während David schläft, bleibt Ahimelech wach. Er betet. Er erinnert sich an das Schwert in der Truhe. Er hat es unten am Bach gefunden, damals nach dem Kampf Davids mit dem Riesen. Es ist Goliaths Schwert. Wie gut, daß er es aufbewahrt und gehütet hat.
»Es gehört dir«, sagt er am anderen Morgen zu David.
David nimmt das Schwert staunend in die Hand.

Er prüft es. Es ist groß und schwer, die Klinge scharf und glänzend.
Dankbar nimmt David von Ahimelech und seiner Familie Abschied.
Der Priester segnet ihn.
Gott wird David nicht verlassen. Das Schwert ist ein Zeichen.

In Wäldern und Höhlen hält sich David versteckt. Bei Freunden und Hirten findet er Zuflucht, bekommt zu essen und erfährt Neuigkeiten.
Er ist nicht mehr allein. Junge tapfere Männer begleiten ihn. Sie teilen mit ihm Not und Entbehrung. Auch seine Brüder sind dabei.
Saul läßt David im ganzen Land als Verräter ausrufen. Wer zu David hält, muß sterben.
Davids alte Eltern flüchten in ein fremdes Land. Alles, was ihnen lieb ist, lassen sie zurück.
Das Volk mißtraut dem König. Viele sind von Davids Unschuld überzeugt. Aber noch wagt sich niemand für ihn zu wehren. Der König ist mächtig. Seine Soldaten sind grausam.
Saul läßt dem Flüchtigen keine Ruhe. Er folgt ihm nach Rama und von Rama nach Nobe.
Er erfährt, daß Ahimelech David Zuflucht gewährte. Ein Nachbar hat ihn verraten.
Wer einen Feind des Königs schützt, muß ster-

ben. Ohne Erbarmen läßt der König Ahimelech und seine Familie hinrichten.
Nur ein Sohn des Priesters, namens Abjathar, entkommt.
Nach langem Umherirren stößt er im Walde Hereth auf David und seine Freunde. Vor Erschöpfung und Hunger bricht er zusammen.
David erkennt ihn.
»Ein Sohn Ahimelechs«, erklärt er den andern.
Er kniet bei ihm nieder. Er legt ihm kühlende Kräuter auf die Stirne und flößt ihm Wasser ein, bis Abjathar wieder zu sich kommt. Er berichtet von der schrecklichen Tat des Königs.
Alle empören sich.
»Abjathar«, sagt David, »bleibe bei mir. Ich will in Zukunft wie ein Vater für dich sorgen.«
Ein dankbares und glückliches Lächeln geht über das Gesicht des Jungen. Er weiß, daß er in Davids Nähe nichts mehr zu fürchten braucht.

Gehetzt vom Heer Sauls, flüchtet David von Ort zu Ort. Nie weiß er, wo er am Abend sein Haupt zum Schlafen hinlegen kann.
Am Rande der Wüste Engedi entdeckt er eines Tages eine Höhle. Der Eingang ist klein, aber im Innern ist sie dunkel und tief, ein wunderbares Versteck für David und seine Schar.

Tagelang haben sie nicht mehr gerastet. Saul ist ihnen dicht auf den Fersen. Sie sind müde.
In der Höhle fühlen sie sich sicher. Wie gut ist es, wieder einmal zu schlafen.
Aber mitten in der Nacht schreckt David auf. Er hört vor dem Eingang Stimmengewirr, leise Befehle, Pferdegewieher...
Es ist der König mit seinen Soldaten.
Der Schreck nimmt David einen Augenblick den Atem. Er ist verloren. Hat der König sein Versteck entdeckt?
Dann besinnt er sich. Ist er nicht in der Hand Gottes, was auch geschehen mag?
Er weckt seine Freunde. Lautlos ziehen sie sich in die Tiefe der Höhle zurück.
David bleibt am Eingang. Er erkennt Abners Stimme: »Hier, mein König, eine Höhle. Sie wird euch schützen. Die Soldaten schlafen im Freien. Die Wachen sind bestellt.«
»Wecke mich, wenn die Sonne aufgeht«, sagt Saul.
Er kriecht in die Höhle hinein.
David preßt seinen Körper an die feuchte Felswand.
Der König nimmt in der Dunkelheit nichts wahr. Er legt sich auf die Erde und deckt sich mit seinem Mantel zu. Es wird still.

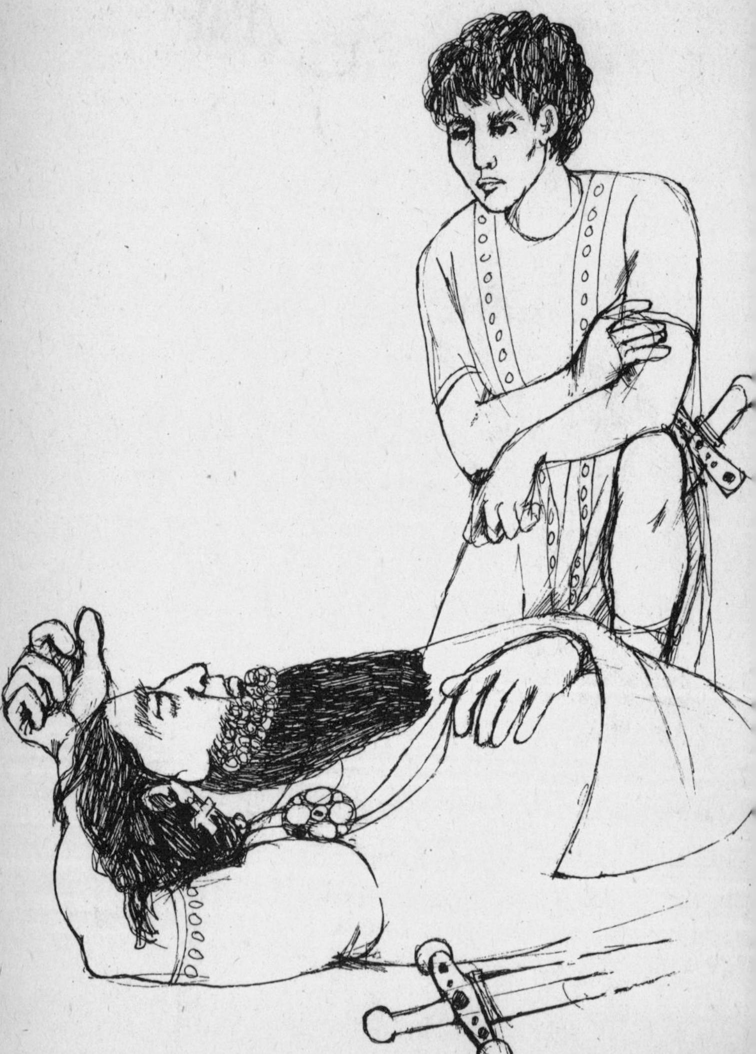

»Töte ihn«, flüstern Davids Freunde.
David zieht sein Schwert und beugt sich über den schlafenden König. Sein Gesicht ist alt geworden, von vielen Falten zerfurcht. Seine Haare sind grau. Unruhig bewegt er die Hände im Schlaf.
Lange sieht David in das Gesicht seines Feindes. Er versucht es zu verstehen.
»David«, sagt plötzlich eine Stimme, »David, tue ihm kein Leid an. Das Gericht ist mein.«
Woher kommt diese Stimme? Sie ist klar und deutlich. David erschauert. Es ist die Stimme Gottes. Zum erstenmal vernimmt sie David in seinem Herzen.
Vorsichtig schneidet er ein kleines Stück von Sauls Mantel ab. Dann steckt er das Schwert wieder in die Scheide.
Schweigend schauen Davids Freunde zu. Sie verstehen nicht, was ihren Herrn so seltsam bewegt.

Der Morgen bricht an. Die Sonne steht am Himmel, eine rote, feurige Kugel.
Die Krieger des Königs sind aufgebrochen. An der Seite seines Hauptmanns Abner folgt Saul seinem Heer.
Jetzt tritt David vor die Höhle. Er erhebt seine Stimme:
»Mein Herr König!«

Die Felsen tragen den Ruf weiter. Als Echo kommt er zurück:
»Mein Herr Kööönig . . .!«
Jäh dreht sich Saul im Sattel um. Er fährt mit der Hand über die Augen.
Träumt er?
Auch Abner starrt erschrocken zu der Höhle hinauf, die der König eben verlassen hat.
David hält das abgeschnittene Stück des königlichen Mantels in die Höhe.
Er ruft: »Mein Herr König, Gott hat dich in meine Hand gegeben. Ich hätte dich töten können. Sieh, das Stück deines Mantels! Glaubst du nun, daß ich nichts Böses gegen dich habe?«
Saul wird blaß unter seinem Helm. Er findet keine Antwort.
Er wendet sich ab.
Er gibt seinem Pferd die Sporen.
»Zurück nach Gibea«, ruft er Abner zu.
Es ist gut, daß Saul nach Gibea zurückkehrt. Von den Türmen der königlichen Burg wehen die schwarzen Fahnen. Überall in den Straßen stehen die Menschen zusammen. Ihre Gesichter und Gespräche sind voll Sorge.
In der Nacht ist Samuel, der Prophet, gestorben.
In Rama wird Samuel begraben.
Das Volk bangt um die Zukunft des Landes. So-

lange Saul seine Feindschaft gegen David nicht aufgibt, kann es zu einem Bruderkrieg kommen. Die Botschaft von Samuels Tod dringt auch zu David. Nun weiß er, warum er in jener Nacht Gottes Stimme vernommen hat.
Seine Freunde teilen mit ihm den Schmerz um den großen Propheten. David sammelt sie um sich. Er erzählt ihnen aus Samuels Leben. Er erinnert sich an jedes Wort, das Samuel zu ihm gesprochen hat.

Nach dem Begräbnis von Samuel vernimmt Saul, daß sich David mit seiner Schar auf dem Hügel Hachila vor der Wüste Siph versteckt hält. Saul zieht mit dreitausend jungen Israeliten dorthin. Er will David einkreisen. Diesmal wird er ihm nicht mehr entgehen.
In der Nacht entdeckt David das königliche Zeltlager.
»Wer will mit mir hinab in Sauls Lager?« fragt er seine Freunde.
Sie warnen ihn. Das Zelt des Königs ist von vielen Wagen umstellt. Der Hauptmann hat die Wachen verdoppelt.
Nur Abisai, einer von seinen treuesten Männern, fürchtet sich nicht.
»Ich lasse dich nicht allein gehen, David«, sagt er.

Die beiden Gestalten verschwinden in der Dunkelheit.
David hat nicht vergessen, was er als Hirte gelernt hat. Seine Augen sehen durch die Nacht, seine Ohren sind scharf.
Auf dem Bauch schleichen sie Sauls Wagenburg an. Zwischen Wachen und Rädern kriechen sie vor Sauls Zelt. Abner und die Waffenträger des Königs schlafen.
Noch einmal hat Gott den König in Davids Hand gegeben.
Saul ist vom Mondlicht beschienen.
»Ich will ihn mit dem Spieß erstechen!« flüstert Abisai David zu.
Aber David wehrt ihm. Er hat die Stimme Gottes in der Höhle nicht vergessen.
»Sollen wir einen Wehrlosen töten? Gott wird ihn bestrafen. Nicht deswegen bin ich gekommen«, sagt er.
»Nimm den goldenen Becher und den Spieß des Königs, ihm aber soll von meiner Hand kein Leid geschehen.«

»Mein Herr König!«
Davids Gestalt taucht über dem Rand des Hügels auf.
»Mein Herr König!«

Saul zuckt zusammen. Er will diese Stimme nicht hören. Er versteckt sein Gesicht in beide Hände.
»Ja, es ist die Stimme deines Knechtes David. Suchst du nach deinem Spieß und nach deinem Becher? – Hier sind sie. Sende deinen Waffenträger, daß er dir dein Eigentum wiederbringe!«
Im Lager Sauls ist es still geworden. Mit offenem Munde stehen die Soldaten da. Wie ein Wunder bestaunen sie David. Wie hat er das fertiggebracht?
Abner kann es nicht fassen.
David ruft ihm zu: »Abner, bist du nicht der tapferste unter den Soldaten des Königs? Warum hast du deinen Herrn nicht besser behütet? Sieh, er war letzte Nacht in meiner Hand, ich hätte ihn töten können!«
Saul weint.
»Gesegnet seist du, mein Sohn David«, ruft er.
Aber David glaubt seinen Worten nicht mehr.

Saul hört nicht auf, David zu verfolgen. Sein Heer umzingelt ihn und treibt ihn an die Grenzen des Landes. Seit vielen Wochen ist David auf der Flucht.
Im Lande der Feinde, bei den Philistern, sucht David Schutz und Zuflucht. Er weiß keine andere

Lösung. Er ist des Verfolgtseins müde.
Achis, der junge Philisterkönig, nimmt David auf. Er hat von der Feindschaft zwischen David und Saul gehört. Er bewundert Davids Tapferkeit und Großmut. Und vielleicht, so hofft er, wird er mit Davids Hilfe den nächsten Krieg gegen die Israeliten gewinnen.
In der Stadt Ziklag darf David mit seinen Freunden wohnen.
Ein Jahr und vier Monate bleibt David in Ziklag.
In dieser Zeit rüstet Achis zum Krieg gegen Saul. David soll ihn mit seinen Männern begleiten.
Aber viele Philister haben nicht vergessen, daß David einst Goliath, ihren stärksten Mann, getötet hat. Sie trauen ihm nicht.
»Er ist nur ein Flüchtling in unserem Land. Er soll sich nicht in unsern Krieg gegen Saul einmischen«, geben sie ihrem König zu bedenken.
Der König gibt nach. Und David ist froh, daß er nicht gegen seine eigenen Landsleute kämpfen muß.
Noch nie, seit Saul König ist, hat er sich vor einem Krieg so gefürchtet wie jetzt. An der Seite der Philister wird sich David rächen. Das feindliche Heer ist stark.
Saul kann sich zu keinem Angriff entscheiden.

Sein Heer lagert auf dem Berg Gilboa. Wie lange hat er nicht mehr gebetet? In seiner Verzweiflung bittet er Gott um ein Zeichen. Aber Gott bleibt stumm.
Abner versucht, den König zu trösten. Er kennt eine Wahrsagerin in Endor. Vielleicht weiß sie eine Antwort auf die Fragen des Königs.
In der Dunkelheit macht er sich mit dem König auf. Um nicht erkannt zu werden, haben sich beide als Kaufleute verkleidet.
Die Wahrsagerin ist alt. Mißtrauisch mustert sie die beiden Gäste. Mit einer Kienspanfackel leuchtet sie den Männern ins Gesicht.
»Was wollt ihr zu so später Stunde?« fragt sie.
Saul verstellt seine Stimme:
»Ich habe gehört, daß du Dinge weißt, die andern verschlossen sind. Beantworte mir zwei Fragen: Ein großer Krieg ist im Gange. Wer wird ihn gewinnen? Und wer wird nach Saul König über das Volk Israel sein?«
Die Wahrsagerin schweigt lange. Sie wendet sich ab. Sie starrt in die Flammen des offenen Feuers. Das Holz prasselt und knistert. Funken springen auf und erlöschen in der Dunkelheit wieder. Das Feuer hat eine Stimme. Sie vermischt sich mit dem bangen Atmen der beiden Männer.
Saul ist ungeduldig.

»Antworte«, sagt er.
Nah tritt die Alte an ihn heran.
»Im Feuer sehe ich die Wahrheit«, sagt sie, »du sollst sie wissen. Die Philister werden siegen. David ist der neue König!«
Saul schreit auf.
Er bricht zusammen.
Die Wahrsagerin erkennt ihn.
»Die Stimme im Feuer«, flüstert sie, »die Stimme im Feuer hat die Wahrheit gesagt.«
»Du bist eine Hexe, du lügst«, sagt Abner.
Er beugt sich über den König, um ihn wieder aufzurichten.
Die Alte antwortet nicht mehr.
Stumm weist sie auf die Tür. Auf seinen treuen Hauptmann gestützt, kehrt der König elend ins Heerlager zurück.

Die Worte der Wahrsagerin aus Endor erfüllen sich.
Auf dem Berge Gilboa kommt es zur Schlacht.
Die Luft ist erfüllt vom Klirren der Waffen, von Schreien und Klagen der Verwundeten. Blut färbt die Erde rot.
Der Kampf ist grausam. Er dauert bis tief in die Nacht hinein. Die Übermacht der Philister zersplittert Sauls Heer und drängt es zurück.

Abner spricht den Soldaten immer wieder Mut zu.
Viele sind gefallen.
Unter ihnen ist Jonathan.
Im Kampfgewühl kniet Abner bei ihm nieder und schließt ihm die Augen. In der einen Hand hält der tote Prinz das Schwert, in der andern ein unscheinbares hölzernes Ding. Es ist die Steinschleuder Davids.
Jonathan ist tot!
Einer ruft es dem andern zu.
Sie achten nicht mehr auf die Befehle der Hauptleute.
Jeder versucht, sein Leben zu retten.
Abner sieht das Ende des Kampfes voraus.
Wo ist der König?
Im Durcheinander hat er ihn aus den Augen verloren.
Der König ist allein.
Er sieht sich plötzlich nur noch von Feinden umstellt.
»Wo ist Abner, der treue Hauptmann? Wo ist Jonathan, der tapfere Krieger?«
Längst hat Saul im Kampf seinen goldenen Helm verloren. Todesmutig schlägt er mit seinem Schwert um sich, bis er, von einem Pfeil getroffen, von seinem Pferde sinkt.

Niemand von den Philistern erkennt ihn.
Über den sterbenden König hinweg jagen sie den Israeliten nach. Ihr Siegesgeschrei erfüllt die Nacht.
Der schwer verwundete König schleppt sich in den Schutz eines Baumes. Seine Lippen versuchen Worte zu formen: »David, David, ich habe Dir ... viel ... Leides getan ... Ich ... habe den Krieg ... verloren ... Du ... König ...«
Mit letzter Kraft zieht er sein Schwert aus der Scheide und stürzt sich hinein.
Abner ist mit dem Rest des Heeres nach Gibea geflohen. Tapfer verteidigt er Sauls Burg. Ihre Mauern sind stark. Der Feind erobert sie nicht.
Vergeblich wartet Abner auf seinen Herrn.
»Hat niemand den König gesehen?«
Nein, niemand.

Von jenseits des Flusses Jordan hat David den Kampf beobachtet.
Schrecklich ist das Schlachtfeld. Die Sieger zählen Tausende von Toten und Verwundeten.
Ein Bote bringt ihm am frühen Morgen die Nachricht vom Tode Sauls und Jonathans.
Vor Schmerz zerreißt David seine Kleider.
Laut weint er.
Ergriffen lauschen die Männer seiner Klage.

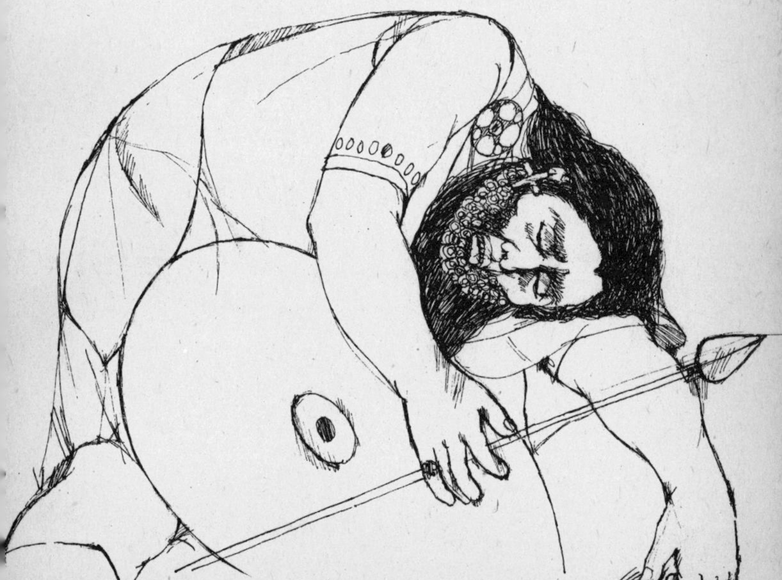

Es ist ein großes, trauriges Lied. Sie werden es nie mehr vergessen:

Ihr Berge zu Gilboa,
es soll weder tauen
noch regnen auf euch.
Im Streit sind die Helden gefallen,
die Edelsten Israels!
Nie hat Jonathans Bogen gefehlt,
nie ist Sauls Schwert
leer wiedergekommen.
Oh, Saul und Jonathan!
Schneller waren sie
denn die Adler
und stärker denn die Löwen.
Jonathan,
es ist mir leid um dich!
Jonathan, mein Bruder Jonathan,
ich habe dich liebgehabt
und große Freude an dir.

Mit seiner Familie und seinen Freunden kehrt David nach Bethlehem zurück.
Noch ist der Streit nicht ganz zu Ende.
Abner möchte dem König treu bleiben. Er sagt zum Volk: »Nicht David, sondern Jonathans Bruder, Is-Boseth, müßt ihr zum König wählen.«

Wem soll das Volk gehorchen?
Die einen wählen David, die andern Is-Boseth.
Erst nach vielen Kämpfen zwischen dem Hause Sauls und dem Hause Davids sieht Abner ein, daß die Feindschaft das Volk zersplittert, seine Kraft schwächt und es unglücklich macht.
Es hat nur für einen König Platz. Und dieser König ist David.
Demütig beugt sich Abner dem Plan Gottes. Er selbst geht zu David und bittet ihn, König über das ganze Volk zu werden. Die Feindschaft soll für immer vergessen sein.

David ist jetzt dreißig Jahre alt.
Als König über das ganze Land kehrt er in den Palast nach Gibea zurück.
Michal erwartet ihn. Vor Glück weint sie.
Wie am Tage des Hochzeitsfestes sammeln sich die Menschen vor dem Schloß und in den Straßen.
»David, David, David!«
Wie ein Lied steigt der Name in den Himmel hinauf.
Eine große Aufgabe steht ihm bevor. Vor vielen, vielen Jahren hat Samuel das kostbare Öl über sein Haupt gegossen und hat die Angst von ihm genommen.

David betet.
»Gott, bin ich stark genug, bin ich weise genug, bin ich demütig genug, um über dein Volk zu herrschen?«
Und Gott antwortet ihm:
»David, ich habe dich auserwählt!«

Geschichten aus der Bibel
erzählt von Max Bolliger
in den Ravensburger Taschenbüchern

Band 46 *David*
Aus einem Hirtenjungen wird der große König.
(Ausgezeichnet mit dem Deutschen Kinderbuchpreis 1966)

Band 94 *Joseph*
Von den Brüdern verkauft, wird Joseph zum höchsten Fürsten des Pharao.

Band 130 *Daniel*
Daniel kennt keine Furcht: weder vor Löwen noch vor den Königen von Babylon.

Band 231 *Mose*
Mose führt sein Volk aus der ägyptischen Knechtschaft in das Gelobte Land.

Otto Maier Verlag Ravensburg